शान्ति नायर

शान्ति नायर का जन्म 29 सितम्बर, 1965 को एर्नाकुलम, केरल में हुआ। शिक्षा इलाहबाद, उत्तर प्रदेश एवं केरल में सम्पन्न हुई। विविध पत्र-पत्रिकाओं में कविताएँ, लेख एवं अनुवाद प्रकाशित हैं।

वे श्री शंकराचार्य संस्कृत विश्वविद्यालय, कालडी, केरल के भारतीय भाषा संकाय की अध्यक्ष रही हैं।

सम्प्रति : प्रोफ़ेसर, हिन्दी विभाग, श्री शंकराचार्य संस्कृत विश्वविद्यालय, कालडी, केरल।

ई-मेल : shantinairkerala@gmail.com

ज्यामिति

शान्ति नायर

राजकमल पेपरबैक्स

राजकमल पेपरबैक्स में
पहला संस्करण : 2025

राजकमल पेपरबैक्स : उत्कृष्ट साहित्य के जनसुलभ संस्करण

राजकमल प्रकाशन प्रा. लि.
1-बी, नेताजी सुभाष मार्ग, दरियागंज
नई दिल्ली-110 002
द्वारा प्रकाशित

शाखाएँ : अशोक राजपथ, साइंस कॉलेज के सामने, पटना-800 006
पहली मंज़िल, दरबारी बिल्डिंग, महात्मा गांधी मार्ग, प्रयागराज-211 001
1, अनमोल सोराबजी सन्तुक लेन, धोबी तलाव, मरीन लाइंस, मुम्बई-400 002
वेबसाइट : www.rajkamalprakashan.com
ई-मेल : info@rajkamalprakashan.com

विकास कंप्यूटर एंड प्रिंटर्स
ट्रॉनिका सिटी-201 102
द्वारा मुद्रित

मूल्य : ₹250

JYAMITI
Poems by Shanti Nair

ISBN : 978-93-6086-227-5

भद्रा के लिए

क्रम

जाले साफ़ करती स्त्री

उम्र के अलग-अलग पड़ावों पर
अलग-अलग लम्बाई वाली झाड़नों से
एक स्त्री साफ़ किये जा रही है जाले

घर के अलग-अलग कमरों में
दरवाज़ों पर खिड़कियों रोशनदानों में
बारजों में बरामदों में बगीचों में
लगातार लगते जा रहें हैं जाले

सब समझाए जा रहे हैं
वह ख़ुद भी ध्यान दे रही है
इसलिए बैठक में कहीं
नहीं दिखाई दे रहे हैं जाले

जहाँ किसी की नज़र नहीं पड़ती
वहाँ भी वह साफ़ कर रही है जाले

रसोई के भीतर बारीकी से देखते हुए
जालों से बचा रही है आटा, दाल और मसाले

मन चाहे जितना भी उदास हो
तन भले थक क्यों न गया हो
वह नियमित रूप से साफ़ कर रही है
शयनकक्ष में जब-तब लग जाने वाले जाले

छुटकू और बड़कू वाले कमरों के बीच
बच्चों और पिता के कमरों के बीच
लगने लगे हैं बहुत-से जाले
लम्बी झाड़न से रगड़-रगड़कर
वह साफ़ किये जा रही है जाले

शाम घर के बाहर निकली है तो
चेहरे पर आ रहे हैं बग़ीचे के जाले
सुबह खोलने लगी फाटक तो
हाथों से लिपट रहे हैं जाले

दुख रहे हैं कन्धे, थक रहे हैं पैर
पर समय के इस छोर से उस छोर तक
झाड़न लिये लगातार चलती हुई
वह स्त्री साफ़ किये जा रही है जाले

दस्ताने

छोटे-छोटे काम करनेवाले हाथों में
मोटे-मोटे दस्ताने होते हैं
बड़े काम करनेवालों के दस्ताने
महीन और पारदर्शी हुआ करते हैं

दस्ताने कई चीज़ों से बना करते हैं
ऊन के दस्ताने
कपड़ों के दस्ताने
रबड़ के दस्ताने
रौब के दस्ताने
पदों के दस्ताने
पूँजी के दस्ताने
परनिन्दा और
आत्मप्रशंसा के भी
बना करते हैं महीन दस्ताने

दस्तानों की दुनिया में
दास्तानें भी हुआ करती हैं—
दस्ताने चढ़ते हैं
दस्ताने उतरते हैं
फेंक दिये जाते हैं
दफ़ना दिये जाते हैं
कभी गला दिये जाते हैं
कभी जला दिये जाते हैं

और वे हथेलियाँ
जो काटती हैं
जो चीरती हैं
जो मरोड़ती हैं
जो मसलती हैं
जो बटोरती हैं
बेदाग़ घोषित रहती हैं

दाद दी जाती है
उन हाथों की सफ़ाई को
जो दस्तानों को
सफ़ाई से बदल लिया करते हैं

कुत्ता और नाम

जो कुत्ते पालतू नहीं होते हैं
उनका कोई नाम नहीं होता है
जिनका नामकरण हो जाता है
उन्हें फिर कुत्ता कहकर नहीं पुकारा जाता
खोजी कुत्तों के दस्ते बनाए जाते हैं
उनमें प्रत्येक का कोई न कोई नाम होता है
इन कुत्तों को देखनेवाला आदमी
अपनी गन्ध अपने में समेटने लगता है
नामदार कुत्तों का जत्था साथ मिलकर
अपराधी को खोज निकालता है
मानवतावाद का बैनर तानकर बाँधा जाता है
संगीत धीरे-धीरे ऊँचा होने लगता है
मंच पर अँधेरा हो जाता है
तीव्र प्रकाश का एक गोला
इस कोने से चलकर
उस कोने तक पहुँच जाता है
श्वान-नृत्य आरम्भ हो जाता है

दावत की तैयारी

कैकेयी...!
देखो कुकर को अब
मद्धिम आँच पर ही रखना
प्रेशर बना रहना चाहिए
पर ध्यान रखना
न सीटी बजे
न सेफ़्टी वाल्व फटे

रामू की अम्मा...
देखो आम तो सभी ने खाए
तारीफ़ भी हुई है बहुत
गुठलियाँ पड़ी हैं
ज़रा उन्हें बटोर देना

सुनो सुमित्रा...!
ये इलायची साबूत नहीं चाहिए

छिलके अलग कर दो
देखो जुड़वाँ दाने हैं भीतर
निकालकर बाहर रख दो
इन्हीं के पिसने से तो
महकती है खीर

उर्मिला...
जरा छीलकर
काट दो प्याज
महीन कटना चाहिए
अब देखो प्याज है
आँसू तो निकलेंगे
सँभालकर काटना कि
वे तश्तरी में ना गिरें बूँद

श्रुतिकृती और मांडवी!
जाओ जाकर दोनों बैठो उस कोने में
बिन-बिनकर साफ़ करती रहो
कंकड़ कोई ना रह जाए
चावल के भगोने में

ओह हो...मंदोदरी
तुम फिर बैठ गई यह दलिया लेकर
सब करते तो है इसकी बात मगर
धरा रहता है बासी होकर
फिर फिंक जाता है
स्वर्णनगरी के छोर पर

अरी सूर्पनखा
जंगल गाँव के
जाहिल नहीं हैं वे
जो आ रहे हैं
शहर के बड़े साहब लोग हैं
देखो कट तो गया है न
अब बाहर की अँगीठी पर
झट से चढ़ा दो पका लो
ख़ूब चटपटा बनना चाहिए मांस

सुनो ताड़का...!
सभ्य नागरिक हैं
वक़्त और आदमी की तलब का
ध्यान रखकर ही परोसना
वरना कहीं हो न ऐसा कि
फेंक दें वे थालियाँ
और करवा दें तुम्हें
नौकरी से ही बाहर

जाओ अहिल्या
फ्रीज़र में जमा दो बर्फ़
सही आकार में बनाना क्यूब्स
प्याले शहर से मँगवाए हैं
गिरेंगे उसमें गलेंगे
चुस्कियों से उतरेंगे
तरेंगे ये गलों को ख़ूब

देखो सीता
रसोई में साफ़-सुथरी ही आना
जल रही है गैस का फ़्लेम
बेल-बेल कर रखी जा रही हैं रोटियाँ
एक-एक कर फ़्लेम पर तुम चढ़ाती जाना
घुमा-घुमाकर सेंकना
उलट-पलटकर सेंकना
फ़्लेम को हर जगह पहुँचाना
कहीं से कच्ची ना रह जाएँ रोटियाँ
ये गोल-गोल रोटियाँ
ये फूली-फूली रोटियाँ
तश्तरियों में यही उतरेंगी
शाही खाने की शान बनेंगी
ध्यान रहे कि सिकतीं रहें ये
पर जली न दिखें कभी भी रोटियाँ

ज़ब्ती

सभ्य जनों के शान्त इलाक़े में स्थित
रमणियों के वास-स्थल में
होने लगा है कुछ कोलाहल सा

सुनयना की निद्राविहीन आँखें
लगी रहती हैं पूरी रात सड़क पर
सुभाषिणी देने लगी है मुँहतोड़
ईंट का जवाब पत्थर से अब

सुकन्या का बलात्कार हो गया है
फिर भी वह रोती नहीं
अनुभव साफ़-साफ़ बताती है
कि वह तो था मर्द ही नहीं

सुस्मिता करने लगी है अट्टहास
सुमुखी के चेहरे पर रहता है

अक्सर हिक़ारत का सा भाव
सोती हुई सुमति कभी जाग जाती है
सोए लोगों को झकझोर जगाने लगती है

सुकृति रातोंरात रपट लिखवाने
ख़ुद ही थाने की ओर निकल जाती है

इस शान्तिभंग से सभ्य जन परेशान हुए
सभा बुलाई गई पंचायत बैठी
फिर पंचों ने निर्णय दिया सख़्त
इन लड़कियों के सारे उपसर्ग
तुरन्त कर लिये जाएँ ज़ब्त

अनुतान

आदमी का बच्चा
जब सीखता है भाषा

वाक्य से पहले
शब्द से पहले
आत्मसात करता है अनुतान को

घर पर पिता के आ जाने को
वह अनुतान से समझता है
माँ का माँ मात्र ही होना
वह अनुतान से पहचानता है

मसि कागद छुए बिना

सरल से प्रश्नवाचक
और प्रश्नवाचक का नकारात्मक

नकारात्मक से सकारात्मक
बनाने का जादू
वह चकित-सा अनुतान में देखता है

कक्षा में और बाहर मास्टर की हैसियत को
वह अनुतान से ही जान जाता है

वादों के अनुतान को
पूर्व और उत्तर में वेश बदलते देखता है

लोकतंत्र की परिभाषा को
ऐसे ही समझा-समझाया जाता है

साहित्य और इतिहास ही नहीं
गणित तक यहाँ अलग अनुतानों में पढ़ाया जाता है

पढ़ लिखकर खेल-कूदकर देख-सुनकर
बच्चा जब बढ़ने लगता है

धर्म में पाखंड को
इसके नाम पर हुए कांड को

सरकारी कार्यालयी काग़ज़ को
नियम-क़ायदे और क़ानून को

थाने में लिखी रपट को
अकारण हो रही डपट को

लुटी हुई अस्मत को
पिटे हुए आवेदक को

रिश्वत की रक़म को
किसी के भीतर लगे ज़ख़्म को

दूसरों की भूख को
और आपने शौक़ को

बस्ती में पानी की क़िल्लत को
बंगले में स्विमिंग पूल के महत्व को

पढ़ते हुए वह
अनुतान का जादू आज़मा लेता है

इस तरह बच्चा बड़ा हो जाता है

सिज़ोफ्रेनिया

घर में देसी खाना
लगभग अच्छा ही बनता है
खाने के बाद नींद भी
अच्छी ही आ जाती है
लोग कह रहे हैं
आजकल पड़ोसन का कुत्ता
बहुत अधिक भौंकता है
रात-भर कूँ कूँ करता रहता है
शायद गहरी नींद में होने से
मैं सुन नहीं पाती
लोग यह भी कह रहे हैं कि
कुत्ता भूखा रहता है
इसलिए भौंकता है
मैंने पड़ोसन से पूछा
आप इसे भूखा क्यों रखती हैं?
पड़ोसन बोली—

मैंने तो इसे यह समझकर पाला था
कि देशी है
घर का खाना खा लेगा
पर इसे तो रास नहीं आते
घर के लोग
और घर का खाना
मैं हैरान रह गई सुनकर
जब पड़ोसन ने बतलाया
कुत्तों को भी सिज़ोफ्रेनिया हो जाता है
यह ख़ुद को जर्मन शेफ़र्ड मानता है
रात-भर जाग-जागकर
ऊँची आवाज़ में भौंकने की कोशिश करता है
पर गले से पतली-सी आवाज़ ही निकल पाती है
तब यह खिसियाकर दाँत निपोरता है
लेकिन अक्सर लोगों ने इसे
एक टुकड़े केक या बिस्कुट के लिए
बड़े मालिकों के तलवे चाटते देखा है
कल मैंने भी उसे देखा
वह मुझ पर भी भौंका
मुझे उसके मरियलपन से कोफ़्त हुई
फिर मैं थोड़ी संवेदनशील हो उठी
मुझे अचानक लगने लगा
सिज़ोफ्रेनिया मुझे भी हो रहा है
मैं ख़ुद को कवि समझने लगी हूँ
कुत्तों पर कविता लिखने लगी हूँ

व्याकरण का पर्चा

कितना कठिन है व्याकरण का यह पर्चा
समझ में नहीं आती है मुझे यह लिंग-व्यवस्था
दिया पुल्लिंग है
उसमें जलनेवाली बाती स्त्रीलिंग
चूल्हा पुल्लिंग है
उस पर सिंकने वाली रोटी स्त्रीलिंग
चाक़ू पुल्लिंग है
पर कटनेवाली तरकारी स्त्रीलिंग
पानी पुल्लिंग है
पर उसमें घुलनेवाली चीनी स्त्रीलिंग
सारा घर पुल्लिंग है
पर गृहस्थी स्त्रीलिंग

इम्तिहान से पहले मैंने भी
'कार्येषु दासी, करणेषु मंत्री' का श्लोक पढ़कर
काला धागा बँधवाया था

दादी ने नानी ने
चाची और मामी ने
दीदी और भाभी ने भी
बार-बार सिखलाया था—

बिस्तर पुल्लिंग होता है
उस पर बिछनेवाली चादर स्त्रीलिंग
रति शब्द स्त्रीलिंग होता है
मगर सुख हमेशा होना चाहिए पुल्लिंग

गर्भ पुल्लिंग होता है
मगर प्रसूति होती है स्त्रीलिंग
बच्चा पुल्लिंग होता है
मगर परवरिश होती है स्त्रीलिंग

रट-रटकर मैंने याद किया था
फिर भी जाती हूँ भूल
कि व्यवस्था को स्त्रीलिंग में लिख भी दिया जाए
पर अधिकार हमेशा होता है पुल्लिंग

कबीरदास क्षमा करें

बीजक भया तो क्या भया
जग पलटै सो उलट ही जाए
दोहा सारा गिर बिखर गया
अब सँभाले सँभल न पाए

पोथी पढ़ि-पढ़ि जग मुआ
पंडित भया न कोय
जाके हाथ लाठी लगे
वो ही पंडित होय

चन्दा इतना दीजिए
कि बाँछें खिल जाएँ
फिर ढाई आखर प्रेम का
खाते में लिख जाएँ

ऐसी बानी बोलिए
लोग फिसल गिर जाएँ

औरन को सीतल करैं
आप गरम हो जाएँ

अगुवा ऐसा चाहिए
जैसा जेब सुभाय
सार-सार को गहि करे
थोथा देय उड़ाय

कथनी करनी की न ज़िद करें
अवसर का लाभ उठाएँ
पीछे-पीछे तलवे चाटें
आगे तनकर शेर कहाएँ

कंकड़-पत्थर जोरि के
ऊँचा कोई मंच बनाएँ
ताते तो चाकी भली यह
भोला को समझ न आए

तोड़ तोड़ जोड़ लेने का उपाय
अब तो यही सबको है सुभाय
कबीरदास क्षमा करें अब
जैसा बना वैसा दिये हैं सजाय।

ऐसा कुछ होता है जीवन में...

ऐसा कुछ होता है जीवन में जैसे
व्यस्तता के समय में आया
भागकर उठाने से पहले कट गया
वह मिस्ड कॉल हो जाता है

ऐसा कुछ होता है जीवन में जैसे
आया था उठा भी लिया था
मगर उठाते ही कट गया पर
रिसीव्ड कॉल की सूची में आ जाता है

ऐसा कुछ होता है जीवन में जैसे
गाड़ी चलाते समय आया
रोककर उत्सुकता से उठाया
मगर वह रॉन्ग नम्बर निकलता है

ऐसा कुछ होता है जीवन में जैसे
मजबूरी में मिलाया गया था

अनचाहे खिंचता चला गया
वह लॉन्ग कॉल बन जाता है

ऐसा कुछ होता है जीवन में जैसे
संकट में लगाया तो गया
पर सूची में नहीं आ पाया
वह कॉल अनसेव्ड रह जाता है

ऐसा कुछ होता है जीवन में जैसे
दोनों सिरे पर कनेक्ट हुआ
पर आवाज़ नहीं आ पाई
कॉल अन्त तक 'ऑन होल्ड' रह जाता है

ऐसा भी कुछ होता है जीवन में जैसे
तकनीकी ज्ञान अधिक न होने से
कभी डिलीट ही नहीं हो पाया
वह नम्बर फ़ोन में ही पड़ा मिल जाता है

गोंद

इन दिनों शहर के बाज़ार में
गोंद के विज्ञापन बहुत आ रहे हैं
लोग अधिकाधिक चीज़ों को
चिपकाने की कोशिश कर रहे हैं

काग़ज़ प्लास्टिक काँच गत्ता
कपड़ा रबड़ फ़्लक्स और चमड़ा
सब अलग-अलग गोंद से चिपकते हैं

गोंद और भी हैं जो अक्सर काम आते हैं
वस्तुओं की प्रकृति अनुसार ले लिये जाते हैं

कुछ कड़ी खुरदुरी भारी चीज़ें हैं जो
सम्मान की कूँची से पोत चिपका ली जाती हैं

हल्के छोटे-मोटे मुलायम साधन तो
मुस्कान से ही चिपक जाया करते हैं

भय का गोंद बड़ा टिकाऊ है
चिपकी चीज़ें उखाड़े नहीं उखड़ती हैं

कहीं तो चिपकना ही है की सोच भी
चिपकाने में मदद कर देती है

इस पड़ोसी से बैर का गाढ़ा गोंद है
जो उस पड़ोसी से चिपका देता है

शुभ-लाभ के स्टिकर का गोंद ऐसा कि
उखड़कर फिर कहीं और चिपक सकता है

कुर्सी छाप गोंद आज़माकर देखिए
ज़मीन आसमान भी परस्पर सट जाते हैं

चुम्बक के सशक्त समान ध्रुव तक
पूँजी के गोंद से चिपक एक हो जाते हैं

कुछ तो चीज़ें चाशनी से चिपकाई जाती हैं
कुछ धमकी से एकाएक जल्दी जुड़ जाती है

अब फ़ैक्टरियों में नया-नया गोंद बनाया जाता है
चिपकाने का कारोबार आसानी से चलता है।

रामायण

आर्यपुत्र करते हैं नित
आस्था से रामायण का पाठ
कहते हैं हर दिन—
कर लिया करो नहा-धोकर
कुछ चौपाइयों का वाचन

न हो पाता हो वाचन अगर तुमसे
सुन लिया करो तनिक देर
बैठ ही लिया करो साथ
कुछ तो समझ आएगा अर्थ

पकने में लगेगा चावल को
अभी समय कुछ और
गुँथ चुका है आटा

बेलनी हैं सेंकनी हैं रोटियाँ
दाल में लगा चुकी हूँ छौंक
पक रहा है साग
पीसनी है चटनी अभी
धुल चुके हैं बरतन
पर अभी हैं कुछ और

खुरदुरी हथेलियों से
मैं लगातार
पलटती जा रही हूँ पन्ने
इस पुरातन रामायण के

अभी और
कुछ और
बस कुछ और
अनगिनत हैं इसमें चौपाइयाँ

कहना चाहती हूँ मैं भी—
कुछ चौपाइयों का ही सही
कर लीजिए वाचन आप भी

पर जानती हूँ
नहीं सिखाई गई होगी
यह लिपि आपको कहीं कभी

पढ़ रही हूँ युगों से मैं इसे
न हो पाए वाचन अगर आपसे
नहाकर साफ़-सुथरे हो आइएगा

देख लीजिएगा तनिक
सुन लीजिएगा ज़रा
रह ही लीजिएगा थोड़ी देर साथ
कुछ तो समझ आ पाएगा अर्थ

पत्थर से झाग हो जाना

पत्थर थी मैं
यह नहीं था
किसी मुनिश्रेष्ठ की
तपार्जित शक्ति के प्रयोग का परिणाम

यह मेरी नियति थी
यह मेरी प्रकृति थी
यही थी मेरी पहचान

मैं झेल सकती थी
हिमपात का शीत
लरजता झंझावात
मूसलाधार वर्षा
प्रचंडतम ताप

तभी आए थे तुम नागरिक पुरुषोत्तम
खोजते हुए कोमलता को

मेरे अन्तराणुक अवकाशों में

तराशने लगे मुझे
शापमोक्ष के नाम पर

छाँट दिये तुमने मेरे
सभी प्रबल नुकीले भाग

सुनियोजित कर तराशे
मुझमें मोड़ और गोलाइयाँ
चिकने कर दिये घिसकर
मेरे सारे खुरदुरे प्रतल

ले आये तुम फिर चीनांशुक
ढँक दिये मेरे कूल और उभार

खुली प्रकृति में पड़ा पत्थर थी मैं
हो गई जिज्ञासाओं का आलम्बन अब

फिर तुम शनैः शनैः करने लगे शिथिल
मेरे मूलों में कसे चीनांशुकों की माप

अंगराग की गुणवत्ता का तब तुमने
विपणि में दिया मेरी चिकनाई से प्रमाण

सुगन्ध का निर्यात लक्ष्य कर गढ़ी तुमने
अपने प्रति मेरी कामुकता की कथा

दिखाने पादरक्षा और प्रतिष्ठा का समीकरण
मेरी गोलाइयों पर कराया दृष्टिपात

अपने अधोवस्त्रों की बिक्री के लिए दिया
मेरे प्रस्थर अधरों को ऊष्ण चुम्बनों का आकार

सुवर्ण नगरी की विशाल वाटिका में
लम्बी-चौड़ी सुसज्जित राजवीथियों में
क़ीमती यानों के नए-नए मॉडलों पर
अर्द्धनग्न कर लिटाया मुझको बार-बार

अपने सामर्थ्य की होड़ में तुमने
चीनांशुकों पर फेंके मदालस उन्माद

कोई धोबी नहीं आया तब
धोने को यह मलिनता आपार
तुम्हारे राज्याभिषेक पर भी नहीं
उठकर आया कोई गुरुतम प्रवाद

प्रस्तर काल से उठकर चलती चली आयी मैं
तुम्हारी नवनिर्मित अशोक वाटिका में
अश्वारूढ़ प्रदर्शन था सम्भोग उपभोग का
कराया शैम्पेन की धारा से मेरा अभिषेक

मैं मदिरा में घुलने लगी
मैं झाग में बदलने लगी
झाग में बदलती गई
फिर झाग हो गई

झाग हूँ मैं आज
पर यह नहीं थी मेरी पहचान
हिम से तम से झंझा वर्षा से
ताप से जूझे महाप्रस्थरों का होगा शाप
यह प्रसंस्करण आज मेरा नया अभिशाप

संजीवनी

तुम तो जला आए रावण
हर पौधे के नीचे एक दीप
कि पहचान ना पाए हनुमान
संजीवनी को सही-सही

लेकिन वह पूरा पहाड़ उठा ले गया
चुन लिया वैद्य ने संजीवनी को उसमें से

टूटी मूर्च्छा लक्ष्मण की
ख़ुश हुए नागरिक
और पुरुषोत्तम भी
किंतु आगे क्या हुआ

कहाँ फेंके गए होंगे
वे पत्थर, शेष मिट्टी और वे कुछ ढेले?
कितना रोए होंगे वे—
विस्थापित केंचुए और वे बिलबिलाते कीड़े?

वे पुष्प क्या फिर कभी
परागण से गुज़र पाए होंगे?
वे पहाड़ी बच्चे क्या इन्हें खोजते न होंगे?

बच्चों के साथ ही वे भौंरे
क्या फिर कभी गुनगुना पाए होंगे?

उन पेड़ों के बीज
उस नई ज़मीन पर
अलग पानी में
परिवर्तित हवा में
क्या उग पाए होंगे?

या ख़त्म हो गई होगी
एक युद्ध की ख़ातिर
तब इनकी भी नस्लें?

हत्या

औरतें
माहिर होती हैं
हत्या करने में।

इतनी माहिर कि
कहीं किसी को कुछ
पता भी नहीं चल पाता।

कभी हुस्न के बाज़ार में
कभी घर के अँधेरे कोने में
कहीं किसी तहख़ाने में
कभी रसोईघर में
कभी बन्द शयनागार में
कभी सरेआम बाज़ार में
कभी भरे-पूरे परिवार में
कभी हँसते-हँसते तो

कभी मुस्कुराते-मुस्कुराते
निर्मम रूप से
वे हत्या कर देती हैं
उत्तम पुरुष की

रीते रहो जीते रहो

मत बोलो
कोई हड़प लेगा तुम्हारे विचार
वह कहलाएगा फिलॉसफर

मत गाओ
कोई चुरा लेगा तुम्हारी धुन
वह कहलाएगा संगीतकार

मत हँसो
कोई रिसा लेगा तुम्हारी हँसी
वह दिखेगा खुशमिजाज़

मत रोओ
कोई बेच देगा तुम्हारे आँसू
वह बनेगा करुणानिधान

मत चीख़ो
कोई धर देगा तुम्हारे हाथ में मिष्ठान
प्रतिष्ठित होकर बनेगा वह भगवान

यह ऐसा समय है
तुम्हारे चारों ओर ध्वनिभेदी तरंगें हैं

तुम्हारे ऊपर है एक मज़बूत ताक
जो बनी हुई है
संशय और आशंकाओं से

रख दो तुम अपना सभी कुछ
ऊपर उसी मज़बूत ताक पर

फिर जीते रहो
और रीते रहो

था और है के बीच

था और है के बीच
एक सूक्ष्म अन्तराल होता है
पर उसको न कोई जान पाता है
और न जानना चाहता है

इसी से प्रवेश करती हैं
विकीर्णन की अनेक रश्मियाँ
कर्णभेदी बहुत-सी तरंगें
परमाणु के ढेर सारे कण
और असंख्य कीटाणु भी

था और है के बीच
एक सूक्ष्म अन्तराल होता है
जिसमें से रिस जाता है बहुत कुछ
माँ से लगाव
पिता से प्यार

दीदी का दुलार
और भाई से तक़रार भी

था और है के बीच
एक सूक्ष्म अन्तराल होता है
जिसमें से गिर छितर जाता है बहुत कुछ
गँवई पगडंडियों की धूल
चिलबिल के फल
और कल जो बीनी थीं हमने
वे मुट्ठी-भर निंबोलियाँ भी

था और है के बीच
एक सूक्ष्म अन्तराल होता है
जिसमें से टपक जाता है बहुत कुछ
चितकबरी गैया का दूध
फालसे का स्वाद
आम की मिठास
और महुवे का रस भी

था और है के बीच
एक सूक्ष्म अन्तराल होता है
जिसमें से सरक जाता है बहुत कुछ
उसके भीतर का वह
तुम्हारे भीतर का तुम
और मेरे भीतर का मैं भी

एडजस्ट करो एंजॉय करो

महल नहीं है अम्मा
यह मॉल है

क्या खोज रही हो तुम
अपना वह खपरैल का मकान?

क्या सोच रही हो तुम
कि रास्ता भटक गई हो?
नहीं अम्मा, भटकी तुम नहीं
जाने कौन भटका और कब
अब लौट जाओ वहीं
जहाँ से अभी-अभी आई हो तुम
तेरहवीं मंज़िल के फ़्लैट पर
ख़ुश रहो बेटे के ठाठ पर
आख़िर क्या नहीं है वहाँ
चमचमाती चीज़ों का जहान

हाँ रही बात थोड़े-से सुकून की
तो कुछ एडजेस्ट करो अम्मा
अब समय भी बहुत कम है
बाक़ी सब एंजॉय करो अम्मा

मूकम करोति वाचालम

गूँगा किसी ऐसे आदमी को
रोक लेता है
जो पंगु है
पर उसके पास
अपनी एक जीभ है
जो असरदार है

गूँगा पंगु का आलिंगन करता है
उसे चुंबनों से भर देता है
उसे उत्तेजित कर देता है
'पंगुम लंघयते गिरिम'
की उम्मीद देता है

गूँगा उसकी आँखों में झाँकता है
उसकी पुतलियों में
जादू का स्वर्ग बनाता है
उसके सम्मोहन में डूबता है

बदले में कुछ नहीं चाहता
गूँगेपन की बेचारी ही जताता है

और फिर उसकी
असरदार जीभ माँग लेता है
'मूकम करोति वाचालम' की प्रक्रिया
यहीं से शुरू हो जाती है
समाज देश और राष्ट्रों तक
नक़्शों को बदलते हुए
जारी रहती है

दुनियादारी

कहते हैं, टूटते हुए तारे को देखकर
कुछ माँगो तो ज़रूर मिलता है

छुटकू ने माँगा है—
लौट आए तारा अपनी ही जगह

कोई कहता तो नहीं है
पर बड़कू जानता है
टूटते हुए आदमी को देखकर
कुछ सोचो तो
काम बन सकता है

बड़कू सोचता है—
मुमकिन है बैठना
उसकी ख़ाली जगह पर

छुटकू मेरा नादान है
बस कल्पना ही करता है
बड़कू सब समझता है
वह सचमुच दुनियादार है

ख़तरा नेगेटिव अंकों का

पाँचवीं का इम्तिहान देकर
आई थी बेटी

बोली
माँ परचे में एक सवाल
ग़लत छपकर आया था

'मैच द फॉलोइंग' का प्रश्न था
बाईं ओर किसान लिखा था
दाहिनी ओर कुछ शब्द थे—
फ़ील्ड
फ़र्टिलिटी
ग्रेन्स
ग्रीनरी

लेकिन माँ
स्यूसाइड कहीं नहीं लिखा था

मैंने वह प्रश्न बस इसी कारण छोड़ दिया
क्यों बेकार में आख़िर
मोल लें हम ख़तरा
नेगेटिव अंकों का

कटना

अट्ठावन लाख के अभाव में
अप्राप्त अध्यापक पद को
फिर एक बार साथ लेकर लौट रहा था
नगर रेसिडेंसी कॉलोनी की
शान्त शालीन सड़क पर
चिन्ता सर्ग के मनु-सा खड़ा था
इकलौता पेड़ भरी दोपहरी में
फ़ाइल पर ऊपर से
अचानक गिर पड़ा था
पेड़ का एक अदना-सा पत्ता

उस पर लिखा था—
दोस्त जब तुम कटते हो
मौन रहना तब मेरी नियति है

लेकिन जब मैं कटता हूँ
तब मौन रह जाना यूँ ही
क्या तुम्हारी भी नियति है?

वर्षा और निर्झर

तुम एक निर्झर थे
और मैं तुममें वर्षा की तरह शामिल हो गई
आगे के दिनों में मैं
निर्झर के नाम से ही जानी गई
पहचानी गई

ऊर्ध्व रेखा में
सशक्त ने निपात की शक्ति से सम्पन्न
मेरी बूँदें अब बिछ गईं
मन्द गति से बहने लगीं

खेत और खलिहान में
विद्युत के निर्माण में
पानी की नालियों में

स्कूली किताबों में
मोटी-पतली कॉपियों में

मैं तुम्हारे ही नाम को
सदा वहन करने लगी

मेरे स्मृति-पटल पर
उभरता रहा वह समय
जब मैं बरखा थी रही

मैं याद करती रही
अपनी क्षमताओं को
अपने गरजते मेघों को
अपनी बिजली की कड़क को

छिनते अस्तित्व की छटपटाहट में
उबल आया मेरा अन्तस

मैं भाप बनकर उठ गई
मैं मेघ बनकर गरजी
मैं दामिनी बनकर कड़की

पर सुनकर पपीहे के बोल
मैं फिर बरखा बनकर बरस पड़ी

लोकतंत्र में बौने

हम सात बौने थे
हमारे अलग-अलग सात ख़ुदा थे
खुदाओं ने हमें
अलग-अलग रंग बख़्शे थे
नीचे ज़मीन पर खड़े होकर
एक बौने ने कहा केसरिया
तो दूसरा बोला हरा
तीसरे ने लाल कहा
किसी ने नीला या फिर पीला
हमने अलग-अलग रंग बताए
अपने-अपने ख़ुदाओं के लिए
हम लड़ने लगे आपस में
अलग-अलग रंगों की झंडियाँ लेकर

लड़ते-लड़ते जोश में
एक-दूसरे को लहूलुहान करते

हमने ऊपर की ओर देखा
हमारे ख़ुदा परस्पर हाथ मिला रहे थे
वे हाथों में हाथ डालकर
आकाश में अपने हिस्से बाँट रहे थे
सात रंग मिलाकर इन्द्रधनुष बना रहे थे

हम बौने थे कल भी
हम बौने ही हैं आज भी
लोकतंत्र में हम निरन्तर
अपनी उपस्थिति दर्ज कर रहे हैं
ख़ुदाओं का निर्माण कर रहे हैं

मेले में गुब्बारे

कुछ ख़ास क़िस्म के गुब्बारे
मेले में ख़ूब बिक रहे हैं

इन गुब्बारों में हाइड्रोजन है
हाइड्रोजन बहुत हल्की है

हल्की चीज़ें आसानी से
ऊपर उठ जाती हैं

गुब्बारे ऊपर उठ रहे हैं
हवा में तैर रहे हैं
लोगों को लुभा रहे हैं

डोरियों में बाँध थामे जा रहे हैं
कभी कुछ मुक्त कर उड़ाए जा रहे हैं
मेले में ख़ूब बिक रहे हैं
ख़ूब बिक रहे हैं...

बेटी का तैरना

आज बेटी तैर रही है
बड़े से स्विमिंग पूल में
कर रही है वह
प्रतियोगिताओं की तैयारी

फुर्ती से चला रही है
अपने हाथ-पैर
लगा रही है डुबकियाँ
साँस रोककर

कभी औंधे तो कभी सीधे
कभी झट से दाएँ कभी बाएँ
बेटी तैर रही है
लेती हुई डाइव
अतल जल में जा गिर रही है
उठकर फिर ऊपर तक आ रही है
बेटी अब भी तैर रही है

बेटी तब भी तैर रही थी
जब माँ महसूस कर रही थी
अपने भीतर बच्ची का हिलना
देख रही थी सुन्दर सपना
गर्भ के जल में उठते फेन से
मोहक आकृतियों का बनना

वृत्त

प्राइमरी स्कूल में पढ़ती लड़की
सीखती है वृत्त बनाना
गाड़ती है कॉम्पस की नोक
अपनी कापी के
नए ताज़े कोरे पन्ने पर
लड़की साधती है हाथ
घुमाती है कलाई

कहते हैं तब मास्टर जी
ध्यान रखना केन्द्र का
लड़की समझने लगती है
क्या होता है 'केन्द्र'
और क्या होती है 'परिधि'

फिर लिये हाथ में छड़ी
वह घर पर करती है
टीचर की-सी भूमिका

सिखाती है छुटकी को—
केन्द्र से परिधि तक की दूरी को
कहते हैं 'त्रिज्या'...

अभी डगमग-डगमग चलती है छुटकी
टुकुर-टुकुर देखती है
पर हौले-हौले सीखने लगती है

बड़की की सुन-सुनकर
अपनी तुतलाती बोली में
वह भी दोहराने लगती है—

केन्द्र से परिधि तक की दूरी को
कहते हैं 'तिरिया'

विचार

पढ़-पढ़कर ख़त्म कर दीं
जाने कितनी किताबें
सुन-सुनकर समझे
जाने कितने भाषण
छान-छानकर निकाला
अनुभव से विचार
भिन्न हैं उम्दा हैं ये मेरे विचार
डिब्बे में बन्द मेरे विचार
कभी सड़ते नहीं हैं
डिब्बे में बन्द मेरे विचार
कभी बढ़ते भी नहीं हैं

रात

नेशनल हाइवे से होकर
किसी मालदार आदमी की
बहुत ऊँची ट्रक के गुज़रने के लिए
पूरे शहर की बिजली बन्द है
तार में झोल है
शहर में अँधेरा है

बिजलीघर के अधिकारी की
फ़ाइलों-भरी मेज़ पर
एक अदद टेलीफ़ोन है
जिसके रिसीवर में
लगातार एक घोषणा गूँज रही है
"आप
जिस व्यक्ति से बात करना चाहते हैं
वह अभी व्यस्त है"

जुगनुओं का एक जत्था
मशालें जलाकर
जाने किस अँधेरे से
लड़ने चला जा रहा है

सपने किसी नदी से बहाकर
स्विमिंग पूल में गिराए जा रहे हैं
रात लगभग रेत हो चली है
एक मछली है
जिसमें अभी थोड़ी-सी तड़प बाक़ी है
वह भी
कल तक मर जाएगी

मुनिवर और इडली

मुनिवर, सीख लेने चाहिए
घर के ज़रूरी काम
घर बसाने से पहले
मालूम होना चाहिए आपको
घोल में खमीर उठने से पहले
चढ़ा दी जाए चूल्हे पर तो
इडली सॉफ़्ट नहीं बनती
ज़माना काफ़ी बदल चुका है
मुश्किल होगा लोगों को बहकाना
कि युगों की तपार्जित शक्ति से जनित
प्रचंड शाप से पथराई हुई है इडली

संगोष्ठी

जीवन पर संगोष्ठी थी
प्रेम का सत्र चल रहा था
हर पर्चा बेमिसाल था
चर्चाएँ ख़ूब हो रही थीं
बहसें जारी थीं
हर सवाल लाजवाब था
हर जवाब में एक सवाल था

सभागार के कोने में
कुर्सियों की अन्तिम क़तार में
दो प्रतिभागी
चुपचाप बैठे थे

वे नहीं जानते थे कि
प्रपत्रों की प्रविधि क्या होती है

उन्हें नहीं आती थी बहस की भाषा
लोग लगातार प्रस्तुतियाँ दे रहे थे
और वे सचमुच का प्रेम कर रहे थे

नैहर गई बेटी

खोलती है
नानी की अलमारी
जिसमें माँ के कुछ कपड़े
नानी अभी भी धरे थी

एक नन्ही बच्ची की
पहली चुन्नटदार फ्रॉक थी

एक जवान लड़की का पहला दुपट्टा
वह पहली साड़ी जो माँ ने पहनी थी

वर्षों बाद भी नानी
विदा नहीं कर पाई थी इन्हें

सूँघकर बोली थी बिटिया—
नानी...
इसमें से तो नहीं आती है
मेरी माँ की सी कोई गंध!

लेकर हाथ में सूँघती है नानी
उन पुराने पड़े कपड़ों को बार-बार

उतरकर नानी के हृदय से
भर जाती है उनमें
कोई ख़ुशबू

उन चुन्नटों में
दुपट्टे में
साड़ी की तहों में

हुलसकर नानी देखती है
नातिन का वह चेहरा
जो गया था उसकी माँ पर

कह उठती है—
अरे पगली
यह गंध नहीं है तेरी माँ की

यह बेटी की ख़ुशबू है
नहीं सूँघ पाएगी तू
अपने छोटे नथुने से इसे

कल इसे सूँघेगी तेरी माँ
फिर आएगा कोई कल
तब महसूस करेगी तू भी

सत्यवती

सत्यवती को मुनि ने वरदान दिया था
"प्रसूति के बाद भी तू कन्या ही रहेगी"
मुनि ने वरदान दिया था
या दिया था अभिशाप
कि कभी ख़त्म नहीं हुआ
उसका कुँवारापन

भटकती रही उन्मादिनी-सी
वह बहती जमुना के तीर
खोजती रही

हर पदचाप में हर बार
पराशर का पुनरागमन
वह ले जाती रही
हर पथिक को स्वयं
जमुना की मझधार में

करती रही ख़ुद घने कोहरे की सृष्टि
खोजती रही वह कन्या
पराशर को हर पथिक में
जानती रही हर बार
सम्बन्धों के नए मान
वह सान्द्र तीक्ष्ण जल
उसके गर्भाशय में था
जिसमें डूबी हुई क़लम
रच सकती थी महाभारत

तू जब आप हो गया

तू जब से आप हो गया
मैं बार-बार
समझौता करना सीख गया

आप रगड़ते रहे थे पत्थर पर
टूटे कनस्तर का कोई टुकड़ा
मैं सुनता रहा
आप मान रहे थे
इसे अपना सरोदवादन

मैं श्रोताओं की पंक्ति में था
आप मंचासीन
खा-खाकर भरपेट
ले रहे थे डकार
अन्दाज़ कुछ ऐसा कि
भीमसेन जोशी का हो गायन

आप लगातार कर रहे थे
अपनी भाषा में
व्याकरण की भयानक त्रुटियाँ
मुझे घोषित करना था
यही है मानक भाषा

आपको आप कहना
मेरी नियति थी

मुझ पर थी तैनात
बाहर और भीतर
पुलिस सदाचार की

आपको आप कहते हुए
आपको आप के रूप में सहते हुए
गरम हुई कई बार कनपटियाँ

हर बार तन में उतरा ज़हर
कभी थोड़ा कभी ज़्यादा
फिर लोगों की बात मान
विष को अमृत कहने लगा

शान्ति जीवित है

शान्ति जीवित रहती है
एक युद्ध और दूसरे युद्ध के बीच
छोटे से अन्तराल में

शान्ति जीवित रहती है
बहुत से छोटे-छोटे युद्धों के बीच
छोटे-छोटे अन्तरालों में

शान्ति जी लेती है
कई-कई बार
छोटी-छोटी ज़िन्दगियाँ

रावण का निर्माण

अँधेरों में बैठकर हम
उजालों के मोती पिरोते रहे
और वे इन्तज़ार करते रहे
हार के बन जाने का

उनकी भूख के दानों को हम
क्रान्ति में भिगोते रहे
पकाकर भोग लगाकर
तुम्हें उनका देवता बनाते रहे

मत रमा करो वसंत में
मत बहका करो कोयल की कूक में
मत रीझा करो मोर के नृत्य में
यह हम उन्हें सिखाते रहे

लेकिन
तुम्हें पुष्पक विमानों में बिठाकर
मोरपंखों पर सुलाकर
लगातार रावण बनाते रहे

दुर्गन्ध

अक्सर कुछ ग़लत खा लेने से
या मौसम अनुकूल न होने से
ओरांग-उटानों को
बदहज़मी सताने लगती है

वे अशान्त होने लगते हैं
नादान बन्दरों के झुंड में
जाकर हालचाल पूछने लगते हैं
कन्धे पर हाथ रख मित्रवत हो जाते हैं
फिर बदहज़मी की उपज वायु को
चुपचाप विसर्जित कर देते हैं

दुर्गन्ध फैलने लगती है
बन्दर शक की निगाह से
एक दूसरे को देखने लगते हैं
ओरांग-ऊटान इशारा करते हैं

बन्दर, घोड़ों को, खच्चरों को
बोझ ढोते गधों को
अपनों को भी खदेड़ने लगते हैं
फिर शक
दुर्गन्ध की तरह फैलने लगता है
अपनी जगह बना लेता है
हवा में ठहरने लगता है

खोकर पा लेना

जब भी घर पर
मोबाइल खो जाता है
मैं 'लैंड' पर जाती हूँ
मोबाइल का नम्बर
झट डायल करती हूँ
बज उठती है घंटी
मुझे पता चल जाता है
कहाँ है मोबाइल,
उसे फिर पा लेती हूँ
सोचती हूँ
कि एक 'लैंड 'होता
जिस पर जाकर मैं
कर लेती डायल—
बज उठती कोई घंटी
मुझे पता चल जाता

कहाँ हूँ मैं
पर आसान नहीं होता है
कुछ ध्वनियों को सुन पाना

अपच

गर्भवती को जंगल में छोड़ आए?
पत्नी को हार गए जुए में?
पत्थर बना दिया
हाड़-मांस की औरत को?
छेद दिये नाक कान स्तन
हुआ जब प्रेम का अभ्यर्थन?
काट दिया सिर कि
देख ली गन्धर्व लीला?

प्रश्न ही प्रश्न...

झिड़क देती है दादी
पचता नहीं है इसे कुछ
करती रहती है कुतर्क

दुलार से समझाती है नानी
बिटिया तू हो रही सियानी
ये बातें हैं अब पचा लेनी

दिन बीता फिर रात हुई आधी
सुतर्कों की उत्कंठा से या
कुतर्कों के अंकुरण के भय से
अनिद्रा मुझे आज घेर रही थी

बाहर अब बोल रहे थे सियार
कुत्तों की भी निरन्तर थी भौंक
रात जागते रहने पर डराने लगता है सोच
घुसा चला आता है काला भूत

भैया तो सो रहा है निश्चिन्त होकर
पिता के खर्राटों का था पुनरावर्तन
सोते बाबा के उदर का उत्थान-पतन

इसी बीच होती है कहीं कोई हलचल
देखा रात दादी के पेट में उठ रहा है
आज कोई विचित्र-सा दर्द निरन्तर
अम्मा से कह रही है नानी
लगता है सड़ा हुआ कुछ शायद
रह गया है मेरे भी उदर के भीतर

बाढ़

बाढ़...
वह आती है
तबाहियाँ मचाती है
फिर
उतर जाता है पानी
पर
शेष रह जाता है कीचड़
बावजूद
सफ़ाई की तमाम कोशिशों के
शेष रह जाती है
गन्ध

उबलना

कर्तव्य की थपकियों से
पेट की पसलियों का लाडला दर्द
विस्मृति की कोमल बिछावन पर
कुनमुनाकर सो जाता है

ख़ुद को सँभालती वह
उठ जाती है
सुबह सवेरे

सुप्रभातम...!
सुदिन की शुभकामनाएँ

धर देती है आग पर पानी
खौलते पानी में उबलती
चाय की पत्ती
देने लगती है ख़ुशबू

जागने लगती है
घर भर की तलब

उबल-उबल कर अंडा
बना लेता है ख़ुद को ठोस

अपनी ज़मीन से उखड़ा आलू
करता तो है थोड़ी-सी ज़िद
पर खौल-खौल कर पानी
कर ही देता है उसे नरम

पूरा हो जता है
चाय-नाश्ते और खाने का उपक्रम

बीत जाता है दिन
महकते हुए
कभी ठोस और
कभी नरम होते हुए

रात अँधेरे में जागता है
पसलियों में सोया लाडला दर्द
लगा लेती है वह कोई मलहम
डाल देती है ख़ुद को
खौलती हुई नींद में
उबलने के लिए

दूध फटना

जोसफ़ चाचा के घर पर थीं
उन दिनों चितकबरी गैया
वहीं से आता था दूध गाढ़ा
मेरे और आमिना के घर में

इसी दूध से बनता मेरे घर
ओणम के दिन का पायसम
इसी से बनती थी ईद पर
आमिना के घर पर सिंवई भी

अम्मा करती थीं पायसम लिये
हर ओणम आमिना की प्रतीक्षा
अम्मी रखती थीं ईद पर मेरे लिए
सिंवई का भरा कटोरा अलग से

इन्हीं दिनों इस शहर में
कुछ ठेले लगने लगे थे

खट्टे ख़ास क़िस्म के फलों के रस
गली बाज़ारों में बिकने लगे थे

पहले मुफ़्त बिका फिर सस्ता बिका
फिर ज़रूरी कहकर ज़बरदस्ती बिका
क्या बताएँ किस दिन कितना बिका

रस की बौछार-सी गली-मोहल्ले होने लगी
बूँद राह चलतों के दामन में भी पड़ने लगी
ओट देकर ले गये मर्तबान में भी टपकने लगी
चितकबरी गैया का दूध आए दिन फटने लगा

बाहर आँगन में खटिया पर बैठे बाबा
बार-बार सबको समझाते रह गये
कि खटाई को सदा परे ही रखना
अशुभ होता है दूध का फट जाना

अब नहीं बचता था आमिना के लिए पायसम
न वह भरा कटोरा सिंवई का मेरे लिए

अम्मा अब अधीर हो करती हैं मेरी प्रतीक्षा
अम्मी बेसब्री से करती हैं उसका इन्तज़ार

अक्वा का राग

रास्तों के किनारे
गलियों के मोड़ पर
हुआ करते थे कुएँ
घिरनी पर घूमती रस्सी
अलापती थी एक राग
घर्र, घरर घरर घर्र घर्र
उसके आरोहण में होता था
एक बाल्टी पानी
और अवरोहण में होता था
एक प्यासा गला
उतरता था राग
बुझती थी प्यास
गाता हुआ चल देता था
पथिक जीवन का राग
अब
रास्तों के किनारे

चौराहों और सड़कों के मोड़ पर
हुआ करते हैं एटीएम
कार्ड के स्पर्श से वह
अलापता है एक राग
घर्र, घरर घरर घर्र घर्र
उसके आरोहण में होते हैं
कुछ कड़क नोट
और अवरोहण में होती हैं
असंख्य ज़रूरतें
इन ज़रूरतों में शामिल होता है
पीने का पानी भी

जनाना डिब्बा

ट्रिची से कोचीन तक
आती हुई रेलगाड़ी के
जनाने डिब्बे में
सफ़र करती हैं
फूलों का गजरा
बेचनेवाली औरतें

टोकरी पर टोकरी
फूलों से भरी हुई
लादे कमर और कन्धे पर
ट्रेन छूटने से पहले
चढ़ जाने की होड़ में
भागती हैं
ख़ूब चिल्लाती हैं
शोर करती हैं

मटमैले कपड़ों रूखे बालों में
रेल के फ़र्श पर पसरकर
ये फूलों को सहेजती हैं
सुगन्ध और सुन्दरता को बचाती हैं

इन्हीं की बदौलत महकता है
दौड़ती गाड़ी का जनाना डिब्बा

अनुष्ठान

कारकों में सम्बन्ध कारक सर्वोपरि हो गए हैं
महाप्राण व्यंजन अल्पप्राण बना लिये गए हैं

अभिव्यक्तियाँ अनिवार्य रूप से
कर्मवाच्य में ही हो रही हैं
कर्ता आड़ में अप्रधान-सा खड़ा है

मध्यमपुरुष दमे का शिकार हो रहा है
या फिर नींद की दवा लेकर सो रहा है

अन्य पुरुष बहुवचन में दिख रहा है
पर एक ही घोड़े से एक ही समय में
वह अनेक अश्वमेध कर रहा है

उत्तम पुरुष बार-बार अलफ़ हो रहा है
पछाड़ खा-खाकर गिर भी रहा है
फिर देशनिकाला लेकर चला जा रहा है

समय बदल रहा है
जलवायु में परिवर्तन हो रहा है
किसी एक स्वर का स्वतंत्र उच्चारण
अब सम्भव नहीं हो पा रहा है

बलाघात अनुतान संहिता दीर्घता को
सादर आमंत्रित किया जा रहा है
अनुनासिकों को उत्तरीय पहनाकर
पुरोहित बनाया जा रहा है

पाणिनी के समाधि-स्थल पर
काग़ज़ के रंगीन फूल चढ़ाकर
अनुष्ठान को पूरा किया जा रहा है
भाषा में व्याकरण के नियमों को
लाभानुरूप बदलकर सजाया जा रहा है

ट्रैफ़िक जाम

अस्पताल और घर के बीच में ही थे
काम करने की संस्था
बेटी का स्कूल
किराने की दुकान
सब्ज़ी की मंडी
जन्मदिन पर उम्दा केक
ख़रीदने की अच्छी बेकरी
नामकरण मँगनी शादी पर
तोहफे ख़रीदने का मॉल
एक लेटरबॉक्स भी
जिसमें पोस्ट करती थी
कामवाली बाई अपना लीवलेटर

अस्पताल और घर के बीच में ही थे
मिस्तरी बढ़ई माली
इलेक्ट्रीशियन और प्लम्बर के घर

दर्ज़ी धोबी और प्रेसवाले के ठिकाने
बैंक की इमारत
बिजली पानी के दफ़्तर
भारतीय संचार निगम लिमिटेड
पंचायत म्यूनिसिपैलिटी अक्षय केन्द्र
और जीवन बीमा का कार्यालय भी
सड़कें अभी भी इतनी चौड़ी न हो पाईं
कि बचकर निकला जा सके
ट्रैफ़िक जाम से।

सफ़ेद कबूतर की बेटी से

सफ़ेद कबूतर की बेटी!
तुम उड़ना
आकाश की ऊँचाइयाँ महसूस लेना
पर कालिमा से बचकर रहना

तुम जान लेना
ये ऊँचे कंक्रीट के मीनार
नहीं हैं किसी शान्ति के आधार
ये चिमनियाँ हैं
जिनसे निकलता है धुआँ
भीतर जलती असंख्य ख़्वाहिशों का
नित भोग के नए-नए इरादों का
सफ़ेद कबूतर की बेटी!
तुम सावधान रहना

आज नहीं रह गए घरों में
कोयले लकड़ी के चूल्हे

कालिख वाले बर्तन भी अब नहीं रहे
पर पोतने को उतारू हैं
कई अदृश्य हाथ
कालिमा तुम्हारे उझले पंखों पर

तुम फड़फड़ाना भूल न जाना
ठंड को सह लेना
पर थोड़ी-सी गर्मी की ख़ातिर
किसी कालिमा को न वर लेना

खोली की रात

ढीली हो चली अलगनी पर
मैली हो चली बनियान
अयोग्य अधिकारी की तरह लटकी हुई है

कमरे में चालीस का पुराना बल्ब
अपनी पीली रोशनी के साथ
अतृप्त जनता की तरह जल रहा है

बाहर झींगुरों की आवाज़ें
सन्नाटे को भेदते हुए
संगठनों के नारों की तरह गूँज रही हैं

भीतर मच्छरों का झुंड
जनतंत्र में बहुसंख्यक की तरह
ख़ून चूसने का धर्म निभा रहा है

खोली में रात है
घड़ी के मटमैले प्रतल पर
तीन सूइयाँ
उच्च-मध्य और निम्न वर्ग की गति से
अपनी-अपनी सुबह तक
पहुँच पाने के लिए संघर्षरत हैं

पेंटिंग्स

एक लकीर खिंची थी
बैठे-बैठे मैं
खींचती चली जा रही थी
उसके किनारों पर
और भी लकीरें

देखते-देखते
वह एक सड़क बन गई
सड़क के बनते ही
मैं भयभीत होने लगी
कि अभी आएगी उस पर से
कोई कार दनदनाती हुई
कार में होंगी कुछ बोतलें
और ठहाकों के गुच्छे

दरवाज़े से सटकर बैठी बेटी
घोल रही है रंग

बना रही है कोई पेंटिंग
उसके कैनवास में बन रहा था
काले बादलों की ओट में
छिपता हुआ चाँद

रोमांच

कितना रोमांचक था
अक्षरों का परस्पर चुम्बन लेना
आलिंगनबद्ध होकर शब्द बनना
शब्दों का झुंड बनाकर
वाक्यों में बदल जाना
वाक्यों का एकत्रित होकर
अनुच्छेदों के क़बीलों में बँटना
नए-नए अनुच्छेदों का
बार-बार जन्म लेना
अध्यायों का लम्बाइयों में
अनुभवों का गहराइयों में बढ़ना
पहली बार
किसी किताब को पूरा पढ़ लेना

डर

अपनी खिड़की के बाहर
हरी घास पर उतरते
अँधेरे से डरने लगी हूँ
गुलाब के पौधों पर से
धूप को ग्रसती कालिमा से
डरने लगी हूँ

काली सड़कों पर दौड़ती
चौंधियाती रोशनियों से
डरने लगी हूँ

सड़क पर दौड़ते भीमाकार
ट्रक के चौड़े पहियों से
डरने लगी हूँ

सुना था मन्दिर के बाहर
ऊँचे पेड़ पर रहते थे भूत

अब वे दिनदहाड़े
नीचे चबूतरे पर बैठने लगे हैं

पेड़ के नीचे से गुज़रती
लड़की के भविष्य से
डरने लगी हूँ

जो मिटा देते हैं
जीवन की शब्दावली से
नींद की संज्ञा
उन रोगाणुओं के प्रसार से
डरने लगी हूँ

जबरन चिपकानी पड़ती है जो
उस मुस्कान के दर्द और
कमज़ोर होती अस्थियों से
डरने लगी हूँ

डरने की इस आदत से
बहुत ज़्यादा डरने लगी हूँ

चित्रकार

बचपन में मैं
चित्र बनाता था घर का
तब झोंपड़ीनुमा बनता था
लोग हँसते थे
अभ्यास करता रहा
चित्र बनाया
पक्के मकान का
मैं सोचने लगा
अब चित्र बनाऊँगा महल का
जुटा रहा पूरे जतन से
महल बनता नहीं था
उभर-उभर आते थे बार-बार
उसमें पुरानी झोंपड़ी के शेड

पहले मैं बनाता रहा मिटाता रहा
फिर मिटाता रहा बनाता रहा

आख़िर महल बन गया
मैं बड़ा चित्रकार हो गया
मेरे भीतर एक खंडहर रह गया

कविता

कविता का होना
कठिन दुष्कर समय में
तिनका-भर ही सही
डूबते को सहारा देता है
मँझधार में भी
किनारा दे देता है

चर्चाएँ

छोटी-बड़ी संस्थाओं के अनुकूलित सभागारों में
विविध विषयों पर गम्भीर चर्चाएँ हो रही हैं

किष्किन्धा की वानर-सभा में चर्चा है—
वृक्षारोहण की प्रविधि समझाने
क्यों न इस बार सियारों को बुलाया जाए
चर्चा ज़ोर पकड़ रही है
अदरक की विशेष चाय मँगवाई है

देसी पोमरेनियन पग एलसेशन
सब अपनी-अपनी राय भौंक रहे हैं
श्वानों के निकाय की बैठक के लिए
देसी घी के पकवान ख़ास बनवाए हैं

डॉक्टर नाई दर्ज़ी और जेबकतरे
सब कैंचीवाले संकाय में आते हैं

विभाग अलग हैं लेकिन
चर्चा में ये साथ ही बैठ जाते हैं

एक आदमी नई रीतियों से अनजान
चर्चा में पुरानी बात दोहराता है—
'गाय पालतू जनवर है
आदमी उसे पालता है
गाय दूध देती है
दूध से दही जमता है'

पर समय क़ीमती है
फालतू की कौन सुनता है
छींका टूटने की तारीख़ पर चर्चा महत्वपूर्ण है
बिल्लियाँ फ़ाइलें लेकर तेज़ी से चली जा रही हैं

उल्लुओं को दिन में कुछ दिखाई नहीं देता
इसलिए वे बाहर पड़ी बेंच पर इन्तज़ार में हैं

प्रतीक्षा

उसकी आँखों की पुतलियाँ
देख लेती हैं दूर तक के नज़ारे
उसके कानों के परदे
सुन लेते हैं तनिक-सी आहट
उसकी घ्राण-शक्ति सूँघ लेती है
पुष्प और पसीने की गन्ध
बोल-बोलकर सो जाता है
रात को मुँडेर का काग भी
पर प्रतीक्षा
अकेले जागती है
स्वप्नों की कोठरी में जाकर
टिमटिमाती रोशनी में
कोई पुराना ख़त बाँचती हुई...

वेटिंग रूम

स्टेशन के वेटिंग रूम में
बैठी हैं कुछ लौंडियाँ
कुछ लड़कियाँ कुछ स्त्रियाँ
कुछ औरतें कुछ महिलाएँ
और कुछ लेडीज़ भी

ये प्रतीक्षा कर रही हैं
रेलगाड़ी के आने का

इनके शहरों के नाम अलग हैं
उतरने के स्टेशन अलग हैं
पर जा रही हैं एक ही दिशा में

ये जहाँ भी उतरेंगी
वहाँ भी वेटिंग रूम होगा
जिससे आश्वस्त हो जाएँगी ये
फिर प्रतीक्षारत होंगी

विश्व के अलग-अलग स्टेशनों पर
अलग-अलग वेटिंग-रूमों में
समय आदि क्षण से अब तक
प्रतीक्षा के अखंड अनुष्ठान में लगी हैं

लौंडियाँ लड़कियाँ
स्त्रियाँ औरतें
महिलाएँ और लेडीज़ भी

रंगरेजन

वायु नहीं
जल नहीं
अन्न नहीं
रंग ज़रूरी हैं
ज़िन्दा रहने के लिए

रंगरेजन ज़रूरी है
जीवन को बचाने के लिए

वह रँगती है कपड़े
फीका नहीं पड़ने देती रंग
रँगती है त्वचा भी
बाहर निकलने से पहले

रंगरेजन रँगती है
पुकारे जाने का नाम

अब वही चुन देती है
बस जाने का धाम

वह रँग देती है भाषा
रँग जाती है पूरी संस्कृति

वह रँगने लगती है भोजन
फीका हो जाता है भूख का रंग

वह रँगती है साहित्य
और रँगती है विज्ञान भी
फिर रँगती है इतिहास तो
अलग दिखता है गणित रंग

रंगरेजन रँगती है सम्बन्ध
बदलती हवा के संग
संवेदना के बित्ता-भर टुकड़े पर भी
चढ़ा सकती है चुना हुआ पक्का रंग

देसी कुत्ते

हम इस गली के देसी कुत्ते हैं
देसी होना हमें कभी नहीं अखरता है
रात अँधेरे फ़ेंस के नीचे से घुसकर
भीतर आने वाले चूहे और छछुंदर को
हम पंजों से ही परलोक दे देते हैं

गली में आए अजनबी को
हम गन्ध से ही जान लेते हैं
उजाले और अँधेरे में भी
हम मिलकर खदेड़ देते हैं

मुहल्ले के आदमी औरत को
हम भली-भाँति पहचानते हैं
छूकर देखे कोई मुन्ना या मुन्नी को
हम उसे काट ख़ून निकाल देते हैं
भौंकना हमारी अपनी भाषा है

हम इसका व्याकरण जानते हैं
बलाघात, अनुतान पहचानते हैं
साफ़-साफ़ सही-सही भौंकते हैं

टोली में तनकर अगुवा बनकर
पीछे जाकर पूँछ नहीं हिलाते हैं
हम माड़ भात खाकर भी
रात सतर्कता से जागते हैं

कबाब हमें नहीं रुचता है
बोटी को चबा-चबाकर खाते हैं
सावधान! कि हम देसी कुत्ते हैं
गली में झुंड बनाकर रहते हैं।

कुत्ता जी

जो कुत्ते ज़्यादा भौंकते हैं
उन्हें लोग कुत्ता जी कहने लगते हैं
गार्ड डॉग का ख़िताब दे देते हैं

कुत्ता जी के पास कई विकल्प होते हैं
वे गुर्रा सकते हैं
तलवे चाट सकते हैं
भीख को भीख नहीं
लूट को लूट नहीं
और भी संज्ञाएँ दे सकते हैं

कुत्ता जी कबाब खा सकते हैं
आदमी की डिप्रेशन की दवा ले सकते हैं

अहाते का कुत्ता

मैं कुत्ता हूँ
झोंपड़ी के अहाते में
कभी लेटा कभी बैठा रहता हूँ
मैं सोचता रहता हूँ—
सुबह आसमान निहार खेत पर जानेवाला
सड़क से संसद तक बुहारने वाला
देश की इमारतों के निर्माण में
ईंट गारा ढो हाथ बँटाने वाला
सो सके रात चैन की गहरी नींद
किलकार सके सुबह कन्हैया
सूरज की आँख से न टपके आँसू
गीली न हो जाएँ लकड़ियाँ
सुलग सके चूल्हा तड़के ही
साँझ काम से लौटी यशोदा का
मैं उसकी रोटी का स्वाद जानता हूँ
मैं भूख का अर्थ अपने ही नहीं

उनके भी सन्दर्भ में समझता हूँ
इसलिए कम से कम भौंकता हूँ
अधिक जागने की कोशिश करता हूँ

करण और अपादान

तुमने कहा
क्यों करती हो फ़िज़ूल में
ये आज़ादी की बातें
'हर स्त्री सुरक्षा चाहती है पुरुष से'
मैंने भी कहा
'हर स्त्री सुरक्षा चाहती है पुरुष से'
तुम्हारे और मेरे कहने में
केवल कारकों का अन्तर था
तुम्हें 'करण' कारक का दम्भ था
और मुझे अपादान की उम्मीद

उम्मीद

वातानुकूलित कार के
बाएँ शीशे से जब देखते हो

पीछे-पीछे भौंकते हुए
भागते चले आ रहे
कुत्तों की एक जमात को

सम्पूर्ण सुरक्षा-व्यवस्था के बावजूद
तुम्हारा रक्तचाप अगर तब बढ़ता है

तो शायद हमारे ज़िन्दा रहने की
थोड़ी उम्मीद आगे भी बच जाती है

सबसे सुन्दर क्षण

वेश्यालय का कुत्ता
चाटता है प्यार से
लैला के पैर की उँगलियाँ

भावविभोर हो उठती है वह
मानो जी रही है
जीवन का सबसे सुन्दर क्षण

तभी आ जाता है
फिर से एक नया ग्राहक
ज़ंजीरों में बँध जाते हैं
कुत्ता और मन

चीलू

झबरी कुतिया है चीलू
ढीली-ढीली ख़ूब मुलायम
सफ़ेद रूई की गठरी-सी
भौंकने के व्याकरण की चिन्ता से मुक्त
कू कू-कू कू ख़ूब करती फिरती है
दूध और बिस्कुट को तुरन्त हज़म कर लेती है
खेल-खेल में घर के पायदान बहुत फाड़ती है
पर मालिक के आगे-पीछे दाएँ-बाएँ घूमती
दुलारी पुचकारी और गोद उठाई जाती है
बड़ी-बड़ी गाड़ियों में बैठकर
दूर-दूर तक घूम आती है
स्टेटसों में डोलती है
इंस्टाग्राम में सजती है
फेसबुक पर लाइक पाती है
नस्ल से पोमरेनियन ठहरती है

माड़ भात खिलाकर उसकी रखवाली
देसी कुत्तों से करवाई जाती है।

प्रशिक्षित

कुत्ता हूँ
अब भौंकते हुए थकता नहीं हूँ
काटते तो हमारे पूर्वज थे
मैं अब वह क्रिया भूल चुका हूँ
भूलना आसान नहीं होता
मैं इसके लिए प्रशिक्षित किया गया हूँ
मेरे प्रशिक्षकों ने देश की बड़ी-बड़ी संस्थाओं में
भुलाने की महत्त्वपूर्ण प्रक्रिया पर शोध किये हैं
पहले इसे उन्होंने ख़ुद पर ही आज़माया है
धीरे-धीरे काटने की क्रिया को भुलाया है
चाटने की क्रिया को सीखा और सिखाया है
उस शिक्षा के महत्त्व को समझाया है
जो परिणाम-आधारित लक्ष्यों को आधार बनाता है
यूँ हीं नहीं
कड़े मूल्यांकन के बाद ही
हमने भी अपनी मार्कीट वेल्यू को बढ़ाया है

बेटी बड़ी हो रही है

बेटी बड़ी हो रही है
छोटा हो रहा है दायरा

छोटी हो गई हैं रातें
नींद छोटी हो गई है
छोटी हो गई हैं बेफ़िक्रियाँ
छोटी होती जा रही है
सफ़र के लिए चुनी जाती
सड़कों की लम्बाई
छोटी हो गई है दराज़
और स्थानान्तरित हो गए हैं
लाली काजल बिन्दी इत्र
और भी कुछ सामान
जेवर रुख़सत हो रहे हैं
कहते हुए अलविदा
रंगीन कपड़े साथ जा रहे हैं

उल्लास का समय
और इच्छा भी
छोटे हो चले हैं

बेटी बड़ी हो रही है
छोटी होने लगी है
घर पर मिलने आने वालों की संख्या

धड़कनें इतनी अधिक हो गई हैं कि
छोटा पड़ने लगा है हृदय का विस्तार

छोटा हो रहा है धमनियों का व्यास
बढ़ने लगा है रक्तचाप

छोटी हो रही है सीमा मिठास की
नियंत्रित हैं भोजन के सुस्वाद

बेटी बड़ी हो रही है
होते-होते कह रही है—
इतना छोटा है माँ का क़द कि
देख नहीं पाती उचककर भी
वह सब
जो है दुनिया की सरहद के पार

सावधानियाँ

मेरे पैरों में जुराबें थीं
हाथों में दस्ताने थे
हम सम्पन्न होते देश के नागरिक थे
हमारे पास और भी बहुत कुछ था

मेरा और उसका प्रेम था
वसन्त पर हमारा पूरा दावा था
प्रेम के स्पर्श के सभी सन्दर्भों में
सावधान रहने की हिदायतों का
हमने पूरी तरह पालन किया था

प्रेम असीम होता है अनवरत भी
पर अनन्त नहीं यह हमें मालूम था
सागर को हमने गागर में
जितना हुआ उतना भर लिया था

मैंने अपने एक-एक शब्द से
एक-एक वाक्य से
उसके मन को बार-बार छुआ था
स्पर्श के सभी सन्दर्भों में
सावधान रहने की
हिदायतों का पूरा पालन किया था

आँखों में स्वर्ग का उतरना और
शब्दों का यूँ झरना भी अवसर था
कहीं कभी कोई अर्थ ठहर न जाए
इसके प्रति हमें सावधान रहना था

वे जानती हैं...

वे जानती हैं
इस देवालय और उस देवालय की
पुताई ही नहीं वास्तुकला भी
एक-सी नहीं होती

लक्ष्य एक होता है
पर उपासना की रीतियाँ
एक जैसी नहीं होतीं

सब माँगते हैं पर
सबकी मनौतियाँ
एक ही तो नहीं होतीं

चढ़ावा सबका आता है
पर औक़ात सबकी
एक-सी नहीं होती

उजाले और अँधेरे में
रासायनिक क्रियाएँ
एक जैसी नहीं होतीं

मंच पर और नेपथ्य में
भूमिकाएँ लोगों की
एक ही नहीं होतीं

नक़्शे के बाहर हैं जो जगहें
वे भूगोल के पाठ्यक्रम में
शामिल नहीं होतीं

समय के यान की गति
इस रास्ते पर कभी
ऊर्ध्वगामी नहीं होती

लोकतंत्र के ख़ाके में
आज़ादी हर किसी की
एक-सी नहीं होती

कुछ पंक्तियों के लिए
कविता में जगहें शायद
ख़ाली नहीं होतीं

जो शब्द कोश में हैं ही नहीं
उनकी आक्षरिक त्रुटियों की
गणना ही नहीं होती

गौरवशाली इतिहास के भी
कुछ ख़ास पृष्ठों में
रंडी गाली नहीं होती

'पुट्टू' बनाती लड़की

लड़की 'पुट्टू' बना रही है
ओखल में कूटती है धान
फिर कूटती है चावल
छानती है कि रह न जाए तनिक भी कुछ साबुत
गरम कड़ाही में छोड़ देती है
चलाते-चलाते भुन जाता है
कुटकर पिसा हुआ चावल

लड़की ध्यान रखती है
जलकर चिपक न जाए
कड़ाही के तल में कुछ
पिसे भुने चावल को
फिर से कर लेती है ठंडा

डालती है पानी के छींटे लगातार
और भीग जाता है कुटा पिसा भुना चावल

हल्की मिठास हल्के नमक के साथ
गुँथ जाता है, भर जाता है साँचे में

अन्तरालों में पहनाए जाते हैं नारियल
जैसे हों हार करधनी पायल
चढ़ा दिया जाता है उसे भाप पर
पकने लगता है सोंधी सुगन्ध के साथ

जमने लगता है वह जब तभी
निकाल दिया जाता है पीछे से धक्का देकर
निकल आता है वह बाहर सज-धज कर
आ...अहा ! सुगन्धित सुआकार स्वादिष्ट
लड़की 'पुट्टू' बना चुकी है
वह ख़ुद भी बनकर तैयार हो चुकी है

मत लिखा कीजिए

मिलने से कतरा रही हूँ
क्योंकि मुझे पता है
अब आप थोड़ा झुककर चलने लगे होंगे
बाल थोड़े और झड़ गए होंगे
जो शेष हैं वे कुछ और श्वेत हो गए होंगे
आपकी खुली आँखों का क्षेत्रफल
अब कुछ कम-सा हो गया होगा
स्वभाव की ही तरह त्वचा को भी
तनिक ढीले होने की अनुमति मिल गई होगी
क़मीज़ भी अब आप ढीली-सी चुनने लगे होंगे
चेहरे की गम्भीरता को छाँटती
कोमलता धीरे-धीरे से पसर रही होगी
शायद आप रोकने की कोशिश करेंगे
फिर भी अपनत्व रिसकर
अभिव्यक्ति में उतर ही आएगा
वात्सल्य की शीतल लौ का प्रकाश

जो छिपाकर रखा था भीतर
ऊम्र के झीने होते परदे के अन्दर से छनकर
अनुतान और आँखों से झलकने लगेगा
तब कुछ देर को ही सही
ढलान पर उतर चली मैं
पूरी ऊर्जा सँजोकर फिर से
ऊपर तक आने और
आपसे मिलने की कोशिश करूँगी

चलते-चलते आप फिर से नसीहतें देंगे
मुरझाए पौधों को पानी देने के लिए कहेंगे

मैं चुप ही रहूँगी
या शायद कुछ कह नहीं पाऊँगी
पर रोकना चाहूँगी आपको
रोककर कहना चाहूँगी—
बाबा! मत लिखा कीजिए आप
मृत्यु पर कोई कविता

अन्ततः

वेदना
वह हाथ है जिसे हम थाम न सके
सही समय पर पहुँचकर
कुछ देर को अपने हाथों में लेकर

सन्नाटा
पुकारों का एक सिलसिला है
जिनका जवाब दे पाना
सम्भव हो ही नहीं पाया हमसे

अकेलापन
पुलिनों की वह रेत है
जिस पर बैठने की बात
हमने हमेशा कल के लिए रख दी

एकान्त
एक नदी है
जिसकी लहर बहती हुई कहती है—
'नहीं रुके थे न तुम एक पल को'

अनिद्रा
जीवन की उदासीनता का संचय है
जिसमें खमीर उठती रहती है
और रात फूलती चली जाती है

असमर्थता
समर्थ होने का वह दम्भ है
जिसे छोड़ना नागवार लगता है
पर अन्ततः गिरकर चूर हो जाता है

ज्यामिति

बिन्दु एक लड़की का नाम है
रेखा एक औरत ही हो सकती है
इनमें कोण को जन्म देने की क्षमता है
कोण वंश-परम्परा को आगे बढ़ा सकता है

नुकीला त्रिकोण ज्यामिति का पहला पुरुष है
फिर चतुर्भुज आयत सभी पुरुष ही हैं
षट्कोण अष्टकोण आदि की तो बात ही क्या
जिनके पास जितने नुकीले कोण हैं
वे उतने ही अधिक पुरुष हैं

तमाम बिन्दु उनके अधीन हैं
बिन्दुओं को बाँधती रेखाएँ भी हैं
वे युगों से नोकों को सहेज रही हैं

हर पीढ़ी अपनी-अपनी अभ्यास पुस्तिका में
इन्हीं आकृतियों का निर्माण सीख रही है
लगातार ज्यामिति की परीक्षाएँ दे रही है।